_____의 시크릿 다이어리

Q&A A DAY FOR ME : 3-YEAR JOURNAL
by Betsy Franco

Copyright © 2014 by Betsy Franco
All rights reserved.

This Korean edition was published by Midnight Bookstore in 2016
by arrangement with Potter Style, an imprint of the Crown Publishing Group,
a division of Penguin Random House LLC through
KCC(Korea Copyright Center Inc.), Seoul.

이 책은 (주)한국저작권센터(KCC)를 통한 저작권자와의 독점계약으로
(주)심야책방에서 출간되었습니다. 저작권법에 의해 한국 내에서 보호를 받는
저작물이므로 무단전재와 복제를 금합니다.

새해 첫 날이다. 어떤 느낌이 드는가?

1
JANUARY

20 ___ .

20 ___ .

20 ___ .

JANUARY

나의 삶을 그린 영화에서
누가 내 역을 맡으면 좋을까?

20____ㆍ

20____ㆍ

20____ㆍ

| 속마음을 털어놓을 수 있는 사람은?
| 그 이유는?

3
JANUARY

20____ · _____

20____ · _____

20____ · _____

4 JANUARY

3년 후의 나는 어떤 모습일까?

20

20

20

괴롭지만 하지 않으면 안 되는 결정은?

5
JANUARY

20____ .

20____ .

20____ .

6
JANUARY

들을 때마다 기분 좋아지는 노래는?

20 ___ .

20 ___ .

20 ___ .

평생 우정이 변치 않을 것 같은 친구 세 사람을 꼽으면?

7
JANUARY

20____ ·

20____ ·

20____ ·

8
JANUARY

나에게 학교 성적은 얼마나 중요한가?

20____ .

20____ .

20____ .

| 최근에 내 관심을 끄는 뉴스는? | **9**
JANUARY |

20 ＿＿ .

20 ＿＿ .

20 ＿＿ .

10
JANUARY

| 가장 잔소리가 심한 사람은? |

20___ ·

20___ ·

20___ ·

위험을 무릅쓰고 도전해볼 만한 일은?

11
JANUARY

20 ·

20 ·

20 ·

12
JANUARY

내가 손에서 내려놓을 수 없는 책은?

20_____. _____

20_____. _____

20_____. _____

음주와 흡연에 대한 나의 생각은?

13 JANUARY

20 ___ •

20 ___ •

20 ___ •

14 JANUARY

오늘 나를 위해서 베푼 친절은 무엇인가?

20

20

20

나를 가장 방해하는 것은 무엇인가?

15 JANUARY

20

20

20

16
JANUARY

아웃사이더라고 느껴본 적 있는가? 이유는?

20 ·

20 ·

20 ·

> 간절히 원하는 직업이 있는가?
> 바꿀 가능성은 없는가?

17 JANUARY

20 ___ .

20 ___ .

20 ___ .

18 JANUARY

> 내가 _____ 라는 것을 사람들이 알았으면 좋겠다.

20 ___ .

20 ___ .

20 ___ .

> 나는 무난한 사람인가,
> 색깔이 뚜렷한 사람인가?

19 JANUARY

20___ ·

20___ ·

20___ ·

JANUARY

내게 힘을 주는 소울 푸드 두 가지를 적어보자.

20____ .

20____ .

20____ .

우리 10대들이 적극적으로
목소리를 내야 할 사회 문제가 있다면?

21
JANUARY

20 ___ .

20 ___ .

20 ___ .

22
JANUARY

> 만약 _____ 라면
> 내 삶은 훨씬 더 행복해질 텐데.

20___ . _____

20___ . _____

20___ . _____

내가 직접 해결해야 하는 비용은?

23
JANUARY

20 ___ . _____

20 ___ . _____

20 ___ . _____

24
JANUARY

나에게 어떤 용기가 있으면 좋겠는가?

20

20

20

나를 실망시킨 사람은 누구인가?
무슨 일이었는가?

20____.

20____.

20____.

26
JANUARY

요즘 심쿵하는 일이 있다면?

20 .

20 .

20 .

최근에 억울했던 일은 무엇인가?

27
JANUARY

20   .

20   .

20   .

28
JANUARY

내가 TV 뉴스에 나온다면 어떤 일 때문일까?

20___ · _____

20___ · _____

20___ · _____

A를 선택할 수도, B를 선택할 수도 없는
딜레마에 빠졌던 경험은? 어떻게 해결했는가?

29
JANUARY

20 ___ .

20 ___ .

20 ___ .

30
JANUARY

시간 가는 줄 모르고 밤새워 몰두했던 일은?

20 ____ .

20 ____ .

20 ____ .

참 부러운 사람은?

31
JANUARY

20 ___ •

20 ___ •

20 ___ •

1 FEBRUARY

> 나는 _____에 대해 이야기하는 것을 무척 좋아한다.

20___ .

20___ .

20___ .

_____와 얽힌 이유로 상황이 악화되었다.

2
FEBRUARY

20____ · _____

20____ · _____

20____ · _____

3
FEBRUARY

팀 스포츠와 개인 스포츠 중에서 뭐가 더 좋은가? 이유는?

20

20

20

누가 나에 대한 소문을 퍼뜨린 적이 있는가?
어떤 소문이었는가?

20

20

20

5
FEBRUARY

지금 당장 떠날 수 있다면 어디로?

20___ ·

20___ ·

20___ ·

나의 나쁜 습관에 대해 적어보자.

6
FEBRUARY

20____ ·

20____ ·

20____ ·

7
FEBRUARY

내가 만들면 잘 팔릴 것 같은 물건은?

20 .

20 .

20 .

매력적인 사람이란 어떤 사람일까?

8 FEBRUARY

20____ ·

20____ ·

20____ ·

9
FEBRUARY

최근에 있었던 후회스러운 지출은?

20 ___ .

20 ___ .

20 ___ .

최근에 누구랑 싸웠고
어떻게 해결되었는가?

10
FEBRUARY

20 ___ .

20 ___ .

20 ___ .

11 FEBRUARY

내가 _____을(를) 할 때 사람들은 오해한다.

20___ .

20___ .

20___ .

| 오늘 생각보다 훨씬 잘 풀린 일이 있다면?

12
FEBRUARY

20 ・

20 ・

20 ・

13 FEBRUARY

요즘 내 마음을 사로잡고 있는 것에 대해 설명해보자.

20 .

20 .

20 .

| 밸런타인데이, 원하는 것을 얻었는가? | **14**
FEBRUARY |

20____ .

20____ .

20____ .

15
FEBRUARY

나에 대한 친구들의 지적이 옳았을 때는?

20____ ·

20____ ·

20____ ·

언쟁을 즐기는가? 아니면 중립을 유지하거나 경청을 하는 편인가?

16 FEBRUARY

20___

20___

20___

17 FEBRUARY

> 최근에 외로움이나 소외감을 느낀 적은 언제인가?

20___ .

20___ .

20___ .

한 시간 동안 유명인물과 어울릴 수 있다면 누가 좋을까?

20____ ·

20____ ·

20____ ·

19
FEBRUARY

지금껏 간직하고 있는 어린 시절의 보물은?

20 ____ .

20 ____ .

20 ____ .

나는 _____을(를) 아무한테도 말한 적이 없다.

FEBRUARY

20 ___ .

20 ___ .

20 ___ .

21 FEBRUARY

언제 가장 이기고 싶었는가?

20 ___ . ___

20 ___ . ___

20 ___ . ___

매우 참기 힘든 유혹은 무엇인가?

FEBRUARY

20____ ·

20____ ·

20____ ·

23 FEBRUARY

나는 _____ 을(를) 하기엔 아직 어리다.

20

20

20

| 나는 _____을(를) 하기엔
나이가 많다.

24 FEBRUARY

20

20

20

25
FEBRUARY

숨어 있기 좋은 장소는?

20___ㆍ

20___ㆍ

20___ㆍ

| 결코 해서는 안 될 일이 있다면?

26 FEBRUARY

20 ___ ·

20 ___ ·

20 ___ ·

27 FEBRUARY

나는 논리적인가, 감상적인가?

20 .

20 .

20 .

지나고 나니 아무것도 아니었던
걱정이나 고민은?

20   .

20   .

20   .

너무 성급하게 결론을 내린 일은 무엇인가?

20____ •

20____ •

20____ •

_____은(는) 나를
좋아하는 것 같다.

1 MARCH

20 ___ .

20 ___ .

20 ___ .

2 MARCH

요즘 가장 많이 하는 혼잣말은?

20 ___ . _____

20 ___ . _____

20 ___ . _____

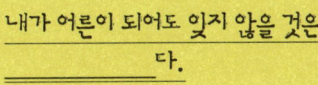

내가 어른이 되어도 잊지 않을 것은
_____ 다.

20____ ·

20____ ·

20____ ·

4 MARCH

_____은(는) 정말 흥미롭다.

20

20

20

나는 꿈이 큰 사람인가?

20____.

20____.

20____.

6
MARCH

나와 음식의 관계는 어떠한가?

20 ·

20 ·

20 ·

일주일에 사진을 몇 장이나 포스팅 하는가?

7 MARCH

20____ ·

20____ ·

20____ ·

8 MARCH

가장 멋진 연애를 하고 있는 사람은?

20 ___ .

20 ___ .

20 ___ .

크건 사소하건, 최근에 속임수를 쓴 일은 무엇인가?

9 MARCH

20___ .

20___ .

20___ .

10 MARCH

> 집중해야 할 생각은 무엇인가?

20 ___ .

20 ___ .

20 ___ .

사람들은 내가 _____ 라고 하는데,
나로서는 도무지 이해가 되지 않는다.

11
MARCH

20 ___ . _____

20 ___ . _____

20 ___ . _____

12
MARCH

오늘 나를 웃게 만든 것은?

20___ .

20___ .

20___ .

> 내가 누군가를 위해 할 수 있는 가장
> 정신 나간 일은 무엇일까?

13
MARCH

20 _____ .

20 _____ .

20 _____ .

14 MARCH

목에 칼이 들어와도
결코 양보할 수 없는 것은?

20

20

20

| 가장 좋아하는 선생님이나 코치는? |
| 그 이유는 무엇인가? |

20___.

20___.

20___.

16 MARCH

코너에 몰린 것처럼 느껴졌을 때는 언제인가?

20 .

20 .

20 .

내가 떠올리는 가장 말도 안 되는 상상은?

17 MARCH

20____ ·

20____ ·

20____ ·

18 MARCH

내 삶의 만족도를 1~10으로 나타내보자.

20 ___ .

20 ___ .

20 ___ .

나의 좋은 습관을 적어보자.

19 MARCH

20___ .

20___ .

20___ .

20
MARCH

내가 이기적이라고 느끼는가? 언제?

20___ •

20___ •

20___ •

_____ 와 어울리기 시작한 후로 큰 도움이 됐다.

21 MARCH

20___ • _____

20___ • _____

20___ • _____

MARCH

지금 이 순간, 어디에 있고 싶은가?

20 ·

20 ·

20 ·

> 나를 초조하게 만드는 것은 무엇인가?
> 그 이유는?

23 MARCH

20___ ·

20___ ·

20___ ·

24 MARCH

> 형제자매에 대해, 혹은 외동인 것에 대해 어떻게 생각하는가?

20 ___ .

20 ___ .

20 ___ .

다가오는 4월의 멋진 계획은 무엇인가?

20___ .

20___ .

20___ .

26
MARCH

내가 가족 중에서 가장 좋아하는 사람은?
그 이유는?

20 ___ ·

20 ___ ·

20 ___ ·

요즘 답이 좀처럼 안 나오는 문제는?

27 MARCH

20____ · ____

20____ · ____

20____ · ____

28 MARCH

> 모르는 사람의 포스팅에 악플을 단 적 있는가? 그 이유는?

20 ___ . ___

20 ___ . ___

20 ___ . ___

| 오늘이 아니면 친구들에게 못할 것 같은 말은? |

29
MARCH

20 ___ .

20 ___ .

20 ___ .

30
MARCH

이번 달에 가장 짜릿했던 일은?

20 ___ . _____

20 ___ . _____

20 ___ . _____

시간이 느릿느릿 가고 있는가,
쏜살같이 흘러가고 있는가?

31
MARCH

20 ·

20 ·

20 ·

1
APRIL

가장 유쾌했던 거짓말은?

20____ · _____

20____ · _____

20____ · _____

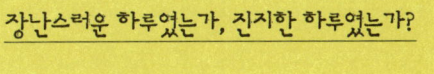 

장난스러운 하루였는가, 진지한 하루였는가?

2 APRIL

20____ · _____

20____ · _____

20____ · _____

3
APRIL

나는 사람들과 대화를 잘하는 편인가?

20 .

20 .

20 .

| 면허를 따면 처음 운전하고 싶은 차는? |

4
APRIL

20___.

20___.

20___.

5
APRIL

누군가 또는 뭔가를 잃은 상실감에 슬퍼했던 적은?

20 ___ · _____

20 ___ · _____

20 ___ · _____

하루 동안 함께 시간을 보내고 싶은 작가는?

6 APRIL

20____ ·

20____ ·

20____ ·

7 APRIL

나에게 지나치게 관심을 보이는 사람이 있는가?

20___ ·

20___ ·

20___ ·

| 누군가에게 사랑받는다고 느꼈을 때는 언제인가?

8
APRIL

20___ ·

20___ ·

20___ ·

9 APRIL

> 현재 내 마음을 계절에 비유한다면?
> 가을, 겨울, 봄, 여름 중 무엇인가?

20 ___ . _____

20 ___ . _____

20 ___ . _____

나의 동상이 세워진다면 어떤 모습일까?

10
APRIL

20 ___ ·

20 ___ ·

20 ___ ·

11 APRIL

내가 가장 좋아하는 욕은? 그 이유는?

20 ___ .

20 ___ .

20 ___ .

내 몸에 대해 마음에 드는 점을
이야기해보자.

12
APRIL

20___ .

20___ .

20___ .

13
APRIL

나는 _____ 에 중독되어 가고 있다.

20 .

20 .

20 .

주로 무엇에 관해 메모하거나
낙서를 하는가?

20

20

20

15
APRIL

신은 존재할까?

20 ___ ·

20 ___ ·

20 ___ ·

| 요즘 가장 끌리는 사람은 누구인가?

16
APRIL

20____ •

20____ •

20____ •

17
APRIL

내가 확실하게 아는 것은 _____ 다.

20____ .

20____ .

20____ .

나는 갇혀 있는가, 자유로운가?

18
APRIL

20___ ·

20___ ·

20___ ·

19
APRIL

어떤 기프트카드를 받고 싶은가?

20____ . _____

20____ . _____

20____ . _____

뜻하지 않게 상처를 주었던 사람은?

APRIL

20 _____ .

20 _____ .

20 _____ .

21 APRIL

친한 친구들의 어떤 점이 가장 좋은가?

20____ · _____

20____ · _____

20____ · _____

| 내 삶에서 위선처럼 느껴지는 것은? | **22**
APRIL |

20____•

20____•

20____•

23 APRIL

진짜 나를 보여주는 옷은 무엇인가?

20

20

20

_____은(는) 나에게 해롭다.

24 APRIL

20

20

20

25 APRIL

나에게 활력과 즐거움을 제공하는 모임이 있다면?

20 ___ · ___

20 ___ · ___

20 ___ · ___

| 반대에 부딪쳤을 때
나는 어떻게 행동하는가?

26
APRIL

20___ ·

20___ ·

20___ ·

27
APRIL

우울증은 나와 크게 상관있는 문제인가?

20___ .

20___ .

20___ .

| 나 스스로를 칭찬해주고 싶은 일은? |

28
APRIL

20 ___ .

20 ___ .

20 ___ .

벗어나기 어려운 압박감은 무엇인가?

20____ ·

20____ ·

20____ ·

노력해도 잘 안 되는 일은?

30
APRIL

20 ___ .

20 ___ .

20 ___ .

1
MAY

나에게 마법의 지팡이가 있다면
_____ 할 것이다.

20___ . _____

20___ . _____

20___ . _____

> 나에게 창의성의 배출구는 무엇인가?
> 그것이 얼마나 중요한가?

2 MAY

20____ . _____

20____ . _____

20____ . _____

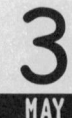

선입견이나 편견 때문에 낭패를 보거나 힘들었던 적은?

20 .

20 .

20 .

| 아슬아슬하게 위기를 모면했던 일은? |

4 MAY

20 ___ .

20 ___ .

20 ___ .

5 MAY

가장 최근에 펑펑 눈물을 흘린 적은 언제인가?

20___ .

20___ .

20___ .

뜻밖의 행운은 무엇이었는가?

6 MAY

20 ___ · ___

20 ___ · ___

20 ___ · ___

7 MAY

폭력적인 생각을 하거나 행동을 한 적이 있는가? 무슨 일이었는가?

20___ · _____

20___ · _____

20___ · _____

| 나는 어떤 일에서 최고가 될 수 있을까?

8 MAY

20 _____ .

20 _____ .

20 _____ .

9 MAY

현재의 학교생활을 한 마디로 표현해보자.

20 ___ .

20 ___ .

20 ___ .

내가 점점 어른이 되어간다고 느꼈던 적은?

10
MAY

20 __ .

20 __ .

20 __ .

11 MAY

예상이 적중했던 일은?

20 ____ .

20 ____ .

20 ____ .

우리 가족이 주인공인 만화에서 내가 할 만한 대사를 적어보자.

12 MAY

20 ___ .

20 ___ .

20 ___ .

13 MAY

큰 차이를 만든 중요한 결단은 무엇인가?

20

20

20

하루 동안 아이돌 그룹의 멤버가 될 수 있다면
어떤 그룹이 좋을까?

20   .

20   .

20   .

15
MAY

지붕 위에서 외치고 싶은 말은?

20   .

20   .

20   .

| 상상과 공상에 얼마나 많은 시간을 쏟는가? |

16
MAY

20_____ ·

20_____ ·

20_____ ·

17
MAY

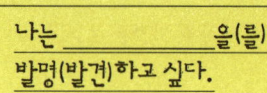
나는 _____을(를) 발명(발견)하고 싶다.

20 __ .

20 __ .

20 __ .

| 이번 주에 가장 마음 아팠던 일은?

18
MAY

20____ .

20____ .

20____ .

19 MAY

무척 감명 깊었던 일은?

20___ .

20___ .

20___ .

나를 괴롭게 하는 사람은 누구인가?

20____ ·

20____ ·

20____ ·

21 MAY

누가 나를 위로할 수 있을까?

20 ___ . _____

20 ___ . _____

20 ___ . _____

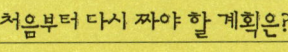 

20 _____ .

20 _____ .

20 _____ .

23 MAY

내 요리 실력은? 나만의 특별 요리는?

20 .

20 .

20 .

| 내가 고군분투하고 있는 일은
_____ 다. |

20   .

20   .

20   .

25
MAY

화창한 봄이다.
친구들과 뭘 하면서 즐기고 싶은가?

20 ·

20 ·

20 ·

> 사람의 마음을 읽을 수 있다면
> 누구의 마음을 읽고 싶은가?

26 MAY

20___ . _____

20___ . _____

20___ . _____

27
MAY

나를 열 받게 하는 것은?

20___ .

20___ .

20___ .

> '배려하는 마음'은 나와 타인의 삶에서 어떤 역할을 하는가?

20___ ·

20___ ·

20___ ·

29 MAY

나에게 _____ 가 있다면
부자가 된 기분일 것이다.

20 ___ .

20 ___ .

20 ___ .

나를 진지하게 받아주지 않는 사람은
누구인가?

20___·

20___·

20___·

31
MAY

마음을 가라앉히고 침착함을 되찾는 나만의 방법은?

20 ___ . ___

20 ___ . ___

20 ___ . ___

| 내가 지키고 있는 약속은 무엇인가?

1
JUNE

20___ ·

20___ ·

20___ ·

2 JUNE

돈에 대해 신경 쓰지 않아도 된다면 어떤 일을 하고 싶은가?

20

20

20

| 오늘 나에게 화가 난 사람은? 그 이유는? |

3 JUNE

20 .

20 .

20 .

4 JUNE

몹시 기다리고 있는 날은? 그 이유는?

20___ . _____

20___ . _____

20___ . _____

| 나의 라이벌은 누구인가? | **5** JUNE |

20____ · _____

20____ · _____

20____ · _____

6 JUNE

가족과 함께 하는 일 중에서 가장 좋은 것은?

20___ . ___

20___ . ___

20___ . ___

| 생각지도 못했던 큰 깨달음은? | **7** JUNE |

20____ · _____

20____ · _____

20____ · _____

8 JUNE

나를 가장 많이 웃게 하는 사람은?

20___ · _____

20___ · _____

20___ · _____

내가 _____임을 안다면,
사람들은 깜짝 놀랄 것이다.

9
JUNE

20 ___ .

20 ___ .

20 ___ .

10
JUNE

> 언제 어린아이로 돌아간 기분을 느끼는가?

20   .

20   .

20   .

| 내게 용기를 불어넣는 문장(명언)이 있는가? | **11**
JUNE

20 ___ .

20 ___ .

20 ___ .

12 JUNE

한 사람을 완전히 알기까지는 얼마의 시간이 걸릴까?

20

20

20

| 죽기 전에 꼭 해야만 하는 일이 있다면? | **13** JUNE |

20___ .

20___ .

20___ .

14 JUNE

최근 성적에 관해 가장 좋은 소식은 무엇인가?

20___ · _____

20___ · _____

20___ · _____

이성과 가장 오래 사귄 적은?

15 JUNE

20 ____ •

20 ____ •

20 ____ •

16
JUNE

내가 가장 좋아하는 디저트는 _____ 다.

20 ___ .

20 ___ .

20 ___ .

> 적극적으로 나서지 않아서 후회했던 일은?

17
JUNE

20___ . _____

20___ . _____

20___ . _____

18
JUNE

> 어떤 기적이 찾아오면 좋을까?

20 ＿＿．

20 ＿＿．

20 ＿＿．

누군가에게 털어놓고 싶은 것이 있다면?

19
JUNE

20 _____ . _____

20 _____ . _____

20 _____ . _____

20
JUNE

내가 몸에 타투를 한다면 어떤 모양일까?

20 .

20 .

20 .

나에 대해 절대로 바꾸고 싶지 않은 부분은?

21
JUNE

20____ .

20____ .

20____ .

할 수만 있다면 생기지 않도록 막고 싶은 일은 _____ 다.

20

20

20

| 몹시 질투가 났던 일은? | **23** JUNE |

20 .

20 .

20 .

24
JUNE

요즘 머릿속을 떠나지 않는 생각은?

20 ____ . ____

20 ____ . ____

20 ____ . ____

지금껏 살면서 시도한 최고의 일탈은?

25
JUNE

20____ · _____

20____ · _____

20____ · _____

친구들의 투표를 통해 내가 1등으로 뽑힐 것 같은 일이나 분야는?

20 .

20 .

20 .

> 나의 감정에 대해 두 줄로 된 시를 써보자.
> 운율이 맞지 않아도 괜찮다.

20____. _____

20____. _____

20____. _____

28 JUNE

나는 진보적인가, 보수적인가?

20 ___ .

20 ___ .

20 ___ .

오늘 가장 그리운 것은?

29
JUNE

20____ · _____

20____ · _____

20____ · _____

30
JUNE

_____은(는) 소름 돋을 정도로 충격적이다.

20 ___ . _____

20 ___ . _____

20 ___ . _____

나를 가장 잘 나타내주는 사진은 무엇인가?

1 JULY

20 ___ . ___

20 ___ . ___

20 ___ . ___

2
JULY

_____은(는) 걱정을 잊게 해준다.

20___.

20___.

20___.

별 일 없이 살고 있는가,
파란만장하게 살고 있는가?

3
JULY

20____.

20____.

20____.

4 JULY

나의 인권은 존중받고 있는가?

20 ___ .

20 ___ .

20 ___ .

나의 영웅은 누구이고, 그 이유는?

5
JULY

20___ ・ _____

20___ ・ _____

20___ ・ _____

6
JULY

어떤 일이 생기면 학교를 그만둘 것 같은가?

20___ · _____

20___ · _____

20___ · _____

> 친구들 중 5년 안에 누가 가장 유명해질 것 같은가?

7
JULY

20____ · _____

20____ · _____

20____ · _____

8
JULY

> 죽음에 대해 생각해본 적 있는가?

20___ · _____

20___ · _____

20___ · _____

도저히 자존심이 허락하지 않는 일은?

9
JULY

20 ___ · _____

20 ___ · _____

20 ___ · _____

10
JULY

오늘 느낀 기분들을 전부 써보자.

20___ ·

20___ ·

20___ ·

| 쥐구멍에라도 숨고 싶을 정도로
창피했던 적은?

11
JULY

20   .

20   .

20   .

나만의 TV 채널이 생긴다면
어떤 프로그램을 가장 먼저 방송할까?

20

20

20

저축한 돈은 얼마나 되는가?
어디에 쓰고 싶은가?

13 JULY

20

20

20

14 JULY

범죄 현장을 목격했다고 해보자.
법정에서 증언할 수 있겠는가?

20 __ .

20 __ .

20 __ .

너무 황홀해서 숨이 막혔던 일은?

15 JULY

20___ · _____

20___ · _____

20___ · _____

16
JULY

나의 전생(前生)은 어떠했을까?

20____ ·

20____ ·

20____ ·

속이 다 시원했던 복수는?

17 JULY

20____ . _____

20____ . _____

20____ . _____

18 JULY

대통령을 만나면 하고 싶은 말은?

20____ · _____

20____ · _____

20____ · _____

권력을 얻고 싶은가? 그 이유는?

19
JULY

20 ___ . ___

20 ___ . ___

20 ___ . ___

20
JULY

미친 듯 화가 났던 때는?

20_____ . _____

20_____ . _____

20_____ . _____

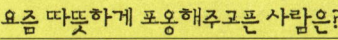

20 __ .

20 __ .

20 __ .

22 JULY

가장 치열했던 승부는?

20

20

20

_____은(는) 나에게 유익하다.

20   .

20   .

20   .

24 JULY

우리 가족이 나에 대해 모르는 것은 _____ 다.

20___ .

20___ .

20___ .

| 내가 갖기는 싫고, 남에게 주기는
| 아까운 것은?

25 JULY

20___ . ___

20___ . ___

20___ . ___

26
JULY

> 누가 내게 고백을 했으면 좋겠는가?

20 _____ . _____

20 _____ . _____

20 _____ . _____

| 내 안에 사는 천사와 악마에 대해 써보자.

27
JULY

20 _____ .

20 _____ .

20 _____ .

28
JULY

> 돈이 없어 가장 곤란했던 적은?

20 ___ .

20 ___ .

20 ___ .

친구 따라 해보고 싶은 일은 무엇인가?

20 ___ . _____

20 ___ . _____

20 ___ . _____

30
JULY

나는 _____ 에 탁월하다.

20___ . _____

20___ . _____

20___ . _____

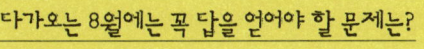 

JULY

20____ . _____

20____ . _____

20____ . _____

1
AUGUST

좋아하는 사람 앞에서 감출 수 없는 것은?

20___.

20___.

20___.

| 적신호를 보내오고 있는 것은? |

2
AUGUST

20

20

20

3
AUGUST

청신호를 보내오고 있는 것은?

20 ___ · _____

20 ___ · _____

20 ___ · _____

나는 _____을(를) 좋아하는데도
시간을 내기가 쉽지 않다.

4
AUGUST

20___ .

20___ .

20___ .

5 AUGUST

깊이 열중했다가 시시해진 일은?

20 ___ .

20 ___ .

20 ___ .

| 누가 나를 초대했으면 좋겠는가? | **6** AUGUST |

20___ •

20___ •

20___ •

7 AUGUST

가장 솔깃했던 제안은?

20 ＿＿ ．

20 ＿＿ ．

20 ＿＿ ．

목숨을 걸 만한 일은 어떤 일일까?

8
AUGUST

20____ · _____

20____ · _____

20____ · _____

9 AUGUST

내가 학교에 새롭게 만들고 싶은 과목은?

20 _____ . _____

20 _____ . _____

20 _____ . _____

너무나 행복했던 기억은?

10
AUGUST

20 .

20 .

20 .

11 AUGUST

빌려주었다가 되돌려 받지 못한 것은?

20

20

20

나는 _____ 때 한없이 두려웠다.

12 AUGUST

20___ .

20___ .

20___ .

13 AUGUST

대학은 꼭 가야 할까?

20___ ·

20___ ·

20___ ·

부모님의 손을 살며시 잡아주고 싶었던 때는?

14 AUGUST

20____ ·

20____ ·

20____ ·

15 AUGUST

실패했지만 최선을 다해 후회가 없었던 일은?

20 ___ .

20 ___ .

20 ___ .

삶을 가치 있게 만드는 것은 무엇인가?

16 AUGUST

20____ . ____

20____ . ____

20____ . ____

17 AUGUST

나를 자꾸만 헷갈리게 하는 사람은 누구인가?

20 ___ . _____

20 ___ . _____

20 ___ . _____

나를 한 문장으로 표현한다면?

18 AUGUST

20____ · _____

20____ · _____

20____ · _____

19
AUGUST

오늘 나의 시선을 사로잡은 것은?

20____ .

20____ .

20____ .

불행 중 다행인 것은?

20 AUGUST

20 .

20 .

20 .

21 AUGUST

센스 있게 처리한 일은?

20

20

20

| 웃기고 얼빠진 행동을 한 적은? |

22 AUGUST

20____.

20____.

20____.

23
AUGUST

나 자신을 용서해야 하는 일이 있는가?

20____ ·

20____ ·

20____ ·

환상적인 여행을 위해 필요한 세 가지는?

24 AUGUST

20___ ·

20___ ·

20___ ·

현재 외모에서 가장 신경이 많이 쓰이는 부분은?

20 .

20 .

20 .

| 나에게 상을 준다면? 그 상의 이름은? | **26** AUGUST |

20 ___ .

20 ___ .

20 ___ .

27
AUGUST

알고 보니 첫 인상과는 완전 딴판이었던 사람은?

20___ ·

20___ ·

20___ ·

지금 당장 고쳐야 할 식습관은?

28
AUGUST

20___ · _____

20___ · _____

20___ · _____

29
AUGUST

내 삶의 경계 너머에는 무엇이 있을까?

20_____ . _____

20_____ . _____

20_____ . _____

| 망명하고 싶은 나라는? 그 이유는? | **30**
AUGUST

20___ ·

20___ ·

20___ ·

31
AUGUST

최근에 생생하게 꾼 꿈을 적어보자.

20____.

20____.

20____.

| 현재 내 삶에서 펼쳐지고 있는
| 드라마는 무엇인가?

1 SEPTEMBER

20____.

20____.

20____.

2
SEPTEMBER

배꼽을 잡고 웃었던
나만의 큰 착각이 있었다면?

20 ___ . _____

_____
_____
_____
_____

20 ___ . _____

_____
_____
_____
_____

20 ___ . _____

_____
_____
_____
_____

무엇을 떠올리면 심각해지는가?

3
SEPTEMBER

20____ ·

20____ ·

20____ ·

4
SEPTEMBER

나의 성공에 꼭 필요한 인재는?

20___ · ___

20___ · ___

20___ · ___

무엇이 감쪽같이 사라졌으면 좋겠는가?

5
SEPTEMBER

20____ .

20____ .

20____ .

6
SEPTEMBER

> 지금 내 기분과 잘 어울리는 날씨는?

20___ · _____

20___ · _____

20___ · _____

오늘 가장 견디기 어려웠던 것은?

7
SEPTEMBER

20____ . _____

20____ . _____

20____ . _____

8
SEPTEMBER

> 내가 도와줘서 가장 고마워했던 사람은?
> 어떤 도움이었나?

20___ . _____

20___ . _____

20___ . _____

| 냉철한 조언이 필요한 친구는?

9
SEPTEMBER

20____ . _____

20____ . _____

20____ . _____

10
SEPTEMBER

친구들이 내게 꼭 필요한 조언을 했는데, 무시한 적 있는가? 천천히 생각해보자.

20

20

20

최근에 어떻게 지내고 있는지
궁금한 사람은?

11 SEPTEMBER

20____.

20____.

20____.

12
SEPTEMBER

내가 진정한 소속감을 느낀 때는?

20___ ·

20___ ·

20___ ·

점점 흥미진진해지고 있는 것은?

13 SEPTEMBER

20 ___ .

20 ___ .

20 ___ .

14
SEPTEMBER

내 마음에 귀 기울이면, 어떤 소리가 들리는가?

20____ ·

20____ ·

20____ ·

좀 더 대답해져야 할 일은?

15 SEPTEMBER

20____ · _____

20____ · _____

20____ · _____

16
SEPTEMBER

내가 꿈꾸는 첫 키스는?

20 ___ .

20 ___ .

20 ___ .

꾸준히 진도를 나가고 있는 일은?

17
SEPTEMBER

20 ___ ·

20 ___ ·

20 ___ ·

18
SEPTEMBER

> 불가능, 그것은 정녕 아무것도 아닌가?

20___ . _____

20___ . _____

20___ . _____

언제, 어디에서 공부가 제일 잘되는가?

19
SEPTEMBER

20 .

20 .

20 .

20
SEPTEMBER

현재 나의 인간관계는 백점 만점에 몇 점?

20____.

20____.

20____.

올해 어떤 경험이 나를 한 뼘 더 성장시켰을까?

21 SEPTEMBER

20 ___ .

20 ___ .

20 ___ .

22
SEPTEMBER

나는 나 자신에게 어떤 거짓말을 하고 있는가?

20 ___ · ___

20 ___ · ___

20 ___ · ___

하루 중 가장 좋은 시간은?

23
SEPTEMBER

20___·

20___·

20___·

24
SEPTEMBER

> 원하는 대학의 캠퍼스를 가본 적 있는가?
> 어떤 느낌이었나?

20____ . _____

20____ . _____

20____ . _____

사람들은 나의 유머 감각을
어떻게 평가하는가?

25
SEPTEMBER

20____ .

20____ .

20____ .

26
SEPTEMBER

나는 언제 가장 예민해지는가?

20___ ·

20___ ·

20___ ·

나에게 어울리는 아르바이트가 있다면?

27 SEPTEMBER

20___ ·

20___ ·

20___ ·

28
SEPTEMBER

내가 '가면'을 벗은 적은 언제인가?

20___ .

20___ .

20___ .

| 뜯어말리고 싶은 커플이 있다면?

29
SEPTEMBER

20 ___ .

20 ___ .

20 ___ .

30 SEPTEMBER

최근에 누군가의 부탁을 거절한 것은 언제인가?

20

20

20

새로운 변화가 필요한가?

1
OCTOBOR

20____.

20____.

20____.

2
OCTOBOR

눈에 띄게 달라진 친구는 누구인가?

20 ․

20 ․

20 ․

리더가 되어 가장 잘 수행한 일이 있다면?

3
OCTOBOR

20___ •

20___ •

20___ •

4
OCTOBOR

깨끗하게 항복한 일은?

20 ___ .

20 ___ .

20 ___ .

호시탐탐 기회만 엿보고 있는 일은?

5
OCTOBOR

20___ ·

20___ ·

20___ ·

OCTOBOR

스스로 사기꾼이라고 느껴진 적이 있는가?

20___ ·

20___ ·

20___ ·

7
OCTOBOR

아무도 모르게 사들인 물건은?

20 ___ .

20 ___ .

20 ___ .

8
OCTOBOR

> 사랑과 우정, 둘 중 하나를
> 선택해야 한다면?

20 ___ .

20 ___ .

20 ___ .

한 시간 동안 투명인간이 될 수 있다면?

9
OCTOBOR

20___ .

20___ .

20___ .

10
OCTOBOR

내가 타고난 것은?

20____.

20____.

20____.

마침내 본색을 드러낸 사람은?

11
OCTOBOR

20____ .

20____ .

20____ .

12
OCTOBOR

정말 지독한 짠돌이, 짠순이는?

20____. _____

20____. _____

20____. _____

나의 취약점은?

13
OCTOBOR

20____ . ____

20____ . ____

20____ . ____

14
OCTOBOR

멋지게 돌파했던 순간은?

20___ .

20___ .

20___ .

| 본의 아니게 사람들에게 걱정을 끼쳤던 일은?

15
OCTOBOR

20 ___ . _____

20 ___ . _____

20 ___ . _____

16
OCTOBOR

_____은(는) 나를 슬프게 한다.

20 ___ . _____

20 ___ . _____

20 ___ . _____

가장 멋진 협상이나 거래는 무엇이었나?

17
OCTOBOR

20   .

20   .

20   .

18
OCTOBOR

> 만약 나와 _____ 이(가) 합쳐진다면
> 정말 탁월하고 멋진 사람이 될 텐데.

20____ . _____

20____ . _____

20____ . _____

| 불나방처럼 앞뒤 가리지 않고 뛰어들었던 일은?

19
OCTOBOR

20 ___ . ___

20 ___ . ___

20 ___ . ___

오늘 내가 잘 헤쳐나간 일은?

20

20

20

가장 좋아하는 요일과 그 이유는?

21
OCTOBOR

20 .

20 .

20 .

22
OCTOBOR

기절초풍할 것 같았던 소식은?

20 ___ . ___

20 ___ . ___

20 ___ . ___

가장 큰 힘이 되어준 격려는?

23
OCTOBOR

20_____ . _____

20_____ . _____

20_____ . _____

24
OCTOBOR

무덤까지 갖고 갈 비밀은?

20 ___ .

20 ___ .

20 ___ .

> 내 친구들과 팀을 이루어 출전하면
> 우승할 것 같은 대회는?

25
OCTOBOR

20 .

20 .

20 .

26
OCTOBOR

사소한 일에 너무 매달려 있지는 않은가?

20 ·

20 ·

20 ·

지금도 늦지 않았다고 생각하는 것은?

27 OCTOBOR

20___ ·

20___ ·

20___ ·

28
OCTOBOR

> 내 이름으로 인터넷 검색을 하면 무엇이 나오는가?

20____ . _____

20____ . _____

20____ . _____

| 올해 가장 횡재한 것은? | **29**
OCTOBOR |

20 ___ .

20 ___ .

20 ___ .

30
OCTOBOR

가장 최근에 당한 벌칙이 있다면?

20 .

20 .

20 .

50대 50의 확률에서 승리했던 적은?

31
OCTOBOR

20____ .

20____ .

20____ .

1
NOVEMBER

11월에 가장 많이 들을 것 같은 음악은?

20___ .

20___ .

20___ .

_____은(는) 나를
남들과 다르게 만든다.

2 NOVEMBER

20___ · _____

20___ · _____

20___ · _____

3
NOVEMBER

부러운 가족이 있다면? 그 이유는?

20___ .

20___ .

20___ .

남녀평등에 대해 어떻게 생각하는가?

4 NOVEMBER

20 ___ .

20 ___ .

20 ___ .

5
NOVEMBER

> 자제력을 잃었을 때 나타났던 결과는?

20 _____ •

20 _____ •

20 _____ •

내가 사랑하는 사람은
지금 어디에 있는가?

6
NOVEMBER

20 .

20 .

20 .

7 NOVEMBER

후회 없었던 방황은?

20____ . _____

20____ . _____

20____ . _____

오늘 고개를 끄덕였던 일은?

8 NOVEMBER

20___ ·

20___ ·

20___ ·

9
NOVEMBER

운명에 맡겨야 할 일이 있다면?

20

20

20

| 내 방에서 없어져야 할 것들은? |

20 ___ .

20 ___ .

20 ___ .

11
NOVEMBER

완전 대박이었던 일이나 사건은?

20___ · _____

20___ · _____

20___ · _____

올해 끝까지 읽은 가장 어려웠던 책은?

12
NOVEMBER

20 ___ .

20 ___ .

20 ___ .

13
NOVEMBER

> 머리 아픈 현실을 벗어나게 해주는 것은?

20____ .

20____ .

20____ .

내가 사는 동네에 대해
어떻게 생각하는가?

14
NOVEMBER

20   ·

20   ·

20   ·

15
NOVEMBER

현재 내 삶은 조화로운가?

20____ ·

20____ ·

20____ ·

함께 있는 것만으로도 힘이 되는 사람은?

16
NOVEMBER

20___ . _____

20___ . _____

20___ . _____

17 NOVEMBER

내가 미리 피해버린 갈등은 무엇인가?
그 이유는?

20 __ .

20 __ .

20 __ .

지금 무엇과 전쟁을 벌이고 있는가?

18 NOVEMBER

20___ .

20___ .

20___ .

19
NOVEMBER

> 아직 친분이 없지만,
> 말을 걸어보고 싶은 사람은?

20____ .

20____ .

20____ .

도무지 납득이 되지 않는 일은?

20___ .

20___ .

20___ .

21
NOVEMBER

정의란 무엇일까?

20 . _____

20 . _____

20 . _____

> 지나치게 남을 의식한다고
> 생각된 적은 언제인가?

22 NOVEMBER

20 _____ ·

20 _____ ·

20 _____ ·

23
NOVEMBER

> 지금 하늘에 뭐가 보이는가?

20＿＿ •

20＿＿ •

20＿＿ •

_____은(는) 내 삶에 긍정적인 느낌을 불어넣는다.

24
NOVEMBER

20____ ·

20____ ·

20____ ·

25
NOVEMBER

요즘 친구들이 내게 원하는 것은?
압박감을 느끼는가?

20 ___ · _____

20 ___ · _____

20 ___ · _____

나는 이성에 대해
(너무 많이, 너무 적게, 적당하게) 생각한다.

26
NOVEMBER

20____ •

20____ •

20____ •

27
NOVEMBER

나는 _____을(를) 정복했다.

20___ . _____

20___ . _____

20___ . _____

| 최근에 혼자만의 시간을 보낸 적은?
| 그 이유는?

28
NOVEMBER

20 _____ .

20 _____ .

20 _____ .

29 NOVEMBER

가장 가슴 뭉클했던 선물은 무엇이었나?

20___.

20___.

20___.

오늘 귀가 번쩍했던 이야기는?

20

20

20

1
DECEMBER

최근에 내게 어렵게
속마음을 털어놓은 사람은?

20___ ·

20___ ·

20___ ·

단단히 각오하고 있는 일이 있는가?

2
DECEMBER

20 ㆍ

20 ㆍ

20 ㆍ

3
DECEMBER

> 언제 가정의 평화와 행복을 느끼는가?

20____ ·

20____ ·

20____ ·

| 누구에게나 공평하게 주어지는 것은 무엇일까? |

4 DECEMBER

20 ___ .

20 ___ .

20 ___ .

5
DECEMBER

산, 바다, 숲, 사막 중에서 하나를 고르라면?

20 ___ .

20 ___ .

20 ___ .

내년에 가장 기대되는 것이 있다면?

6
DECEMBER

20 ___ •

20 ___ •

20 ___ •

7 DECEMBER

크리스마스에 보고 싶은 공연은?
누구와 함께?

20___ . _____

20___ . _____

20___ . _____

오랫동안 곱씹어 생각해야 할 일은?

8
DECEMBER

20____ . _____

20____ . _____

20____ . _____

9 DECEMBER

새로운 길을 선택하고 싶을 때가 있었는가?
선택했는가?

20___.

20___.

20___.

| 나는 나의 생각을 얼마나 실행에 옮기는가? |

10 DECEMBER

20___.

20___.

20___.

11
DECEMBER

나를 앉혀놓고
차근차근 들려주고 싶은 말은?

20___ · _____

20___ · _____

20___ · _____

비명을 지르고 싶게 만드는 것은?

12
DECEMBER

20___ •

20___ •

20___ •

13
DECEMBER

만약 거액의 복권에 당첨된다면?

20 ___ . _____

20 ___ . _____

20 ___ . _____

믿는 도끼에 발등 찍힌 적이 있는가?

14 DECEMBER

20____ .

20____ .

20____ .

15 DECEMBER

올해 얻은 가장 큰 교훈은?

20 ____ .

20 ____ .

20 ____ .

매도 먼저 맞는 게 나을까?

16
DECEMBER

20___ . ___

20___ . ___

20___ . ___

17
DECEMBER

깊은 공감이 느껴지는 사람은 누구인가?
그 이유는?

20 .

20 .

20 .

천국에 있을 것 같은 세 가지는?

18 DECEMBER

20____ · _____

20____ · _____

20____ · _____

19 DECEMBER

올해 소중한 것을 잃었는가, 얻었는가?

20

20

20

내게 늘 신선한 자극제가 되어주는 것은?

20
DECEMBER

20 .

20 .

20 .

21
DECEMBER

왜 사냐고 묻는다면?

20___ ·

20___ ·

20___ ·

| 내가 내려놓아야 할 것은 무엇인가? |

22 DECEMBER

20 _____ · _____

20 _____ · _____

20 _____ · _____

23
DECEMBER

올해 유난히 힘겨웠던 친구는?

20 _____ · _____

20 _____ · _____

20 _____ · _____

> 집이 얼마나 소중한지 깨닫게 해준 경험은?

24 DECEMBER

20 ___ .

20 ___ .

20 ___ .

25
DECEMBER

짧게나마 감사의 기도를 올려보자.

20 ___ •

___

20 ___ •

___

20 ___ •

___

지금 내 마음에 담겨 있는 것들은?

26
DECEMBER

20 ___ . ___

20 ___ . ___

20 ___ . ___

27
DECEMBER

나에게 절대 없으면 안 되는 것들은?

20 ___ . _____

20 ___ . _____

20 ___ . _____

스무 살이 되기 전에 꼭 해보고 싶은 일은?

28 DECEMBER

20____ ·

20____ ·

20____ ·

29 DECEMBER

나에게 은혜를 갚은 사람은?

20___ .

20___ .

20___ .

좀 더 일찍 알았더라면 좋았을 것은?

20____.

20____.

20____.

31
DECEMBER

올해 일어난 최고의 일은 무엇이었는가?

20____ · _____

20____ · _____

20____ · _____

지은이 벳시 프랑코 Betsy Franco 어린이와 청소년 독자를 위해 동화책, 시집, 소설 등 80권이 넘는 책을 썼다. 그중에서 《계절로 배우는 수학Mathematickles!》《꿀벌과 달팽이와 공작 꼬리Bees, Snails, & Peacock Tails》는 수학의 원리와 개념을 쉽게 가르쳐주는 그림책으로 전 세계 독자들의 사랑을 받았다. 슬하의 세 아들을 성공한 배우, 작가, 조각가로 키워낸 지혜로운 엄마로서의 경험을 많은 사람들과 나누고 있다.

옮긴이 정지현 일상의 정취가 묻어나는 이야기를 사랑하는 그녀는 미국에서 딸을 키우며 번역 활동에 대한 사랑도 함께 키워나가고 있다. 현재 출판번역 에이전시 베네트랜스에서 전속 번역가로 활동 중이다.

Q&A a Day for Me : 나만의 시크릿 다이어리

1판 1쇄 발행 2016년 10월 1일

지은이 벳시 프랑코 **옮긴이** 정지현
발행인 오영진 김진갑 **발행처** (주)심야책방

출판등록 2013년 1월 25일 제2013-000028호
주소 서울시 마포구 월드컵북로5가길 12 서교빌딩 2층
전화 02-332-3310 **팩스** 02-332-7741
홈페이지 www.tornadobook.co.kr
페이스북 www.facebook.com/tornadobook
Q&A a Day 인스타그램 www.instagram.com/qnaaday

ISBN 979-11-5873-063-5 13840

이 책을 저작권법에 따라 보호를 받는 저작물이므로 무단전재와 복제를 금하며,
이 책 내용의 전부 또는 일부를 사용하려면 반드시 저작권자와 (주)심야책방의 서면 동의를 받아야 합니다.

잘못되거나 파손된 책은 구입하신 서점에서 교환해드립니다.
책값은 뒤표지에 있습니다.